Weihnachten 1985

Meinen Freunden

Hupli

Bickel · Steigert    Pflücke den Tag

# Pflücke den Tag

Texte von Margot Bickel
zu den Bildern von Hermann Steigert

Herder Freiburg · Basel · Wien

Die Geburt eines Kindes ist
wie der Beginn der Blütezeit einer Blume
etwas Einzigartiges beginnt zu leben
und mit Freude und ein wenig Wehmut
ist zu sehen
wie das, was da beginnt
jeden Tag in sich aufnimmt
als wäre es der erste
und gleichsam
der letzte

Nur wer sich selbst nicht den größten Platz einräumt
über sich selbst lachen kann
hat Raum genug für andere
kann ehrlicher mit ihnen
lachen und weinen

Wie lange hat es gedauert
bis es gefallen ist
das Wort der Versöhnung
die Geste, die Vertrauen weckt

Holen wir die versäumte Freundschaft nach
beginnen wir
endlich

Soviel Zeit haben wir
durch Feindschaft mißbraucht
und keiner weiß, wieviel Zeit uns noch bleibt
wiedergutzumachen

Hier ist meine Hand

Pflücke den Tag
und gehe behutsam mit ihm um

Es ist dein Tag, 24 Stunden lang
Zeit genug, ihn zu einem wertvollen Tag werden zu lassen
darum laß ihn nicht schon in den Morgenstunden
verwelken

Brot backen
Brot brechen
Brot teilen
Brot sein

Es ist zu einfach
einen Straßenköter zu streicheln
zuzusehen wie er in ein Auto läuft
und zu sagen
es war nicht mein Hund

Es ist zu einfach
eine Rose zu bewundern
sie zu pflücken
und zu vergessen
Wasser in die Vase zu geben

Es ist zu einfach
einen Menschen zu benützen
zu lieben ohne Liebe
ihn stehenzulassen und zu sagen
ich kenne ihn nicht mehr

Es ist zu einfach
seine Fehler zu kennen
sie auszuleben
auf Kosten anderer und zu sagen
ich bin eben so

Es ist zu einfach
wie wir uns leben
Schließlich
ist
Leben
einfach
eine
ernste
Sache

Je älter ein Baum ist
um so wertvoller und größer wird er
je tiefer seine Wurzeln reichen
um so standhafter widersteht er den Stürmen
je dichter seine Äste sind
um so sicherer bietet er Schutz
je stärker sein Stamm ist
um so mehr verkraftet er das Anlehnen
je höher seine Krone ist
um so einladender wirkt sein deckender Schatten

Jeder Jahresring
ist ein deutliches Sinnbild
für gelebte Kraft
ist
wie eine Falte
in einem Gesicht

Ein wenig Frieden
in den letzten Stunden des fast verflossenen Tages
ein wenig Ruhe
zwischen den Tagen
damit das werdende Gestern nicht in Vergessenheit gerät
und das Morgen zum Heute gelebt wird

Das Leben und die Wellen haben eines gemeinsam:
sie treiben etwas an und spülen etwas anderes weg
denn wenn die Flut kommt
spülen die Wellen die Sandburgen weg
aber sie treiben vielleicht auch ein Stück Holz an
mit dem jemand das Dach seiner Hütte
ausbessern kann

Auf dem Weg nach Golgotha
auf dem Gang nach Canossa
auf allen Wegen
liegen Steine
Felsblöcke
Ecksteine
Kiesel
zum Werfen oder Stolpern

Auf dem Weg nach Golgotha
auf dem Gang nach Canossa
auf allen Wegen
liegen Steine
die uns zwingen
langsamer zu gehen
anzuhalten
Gestürzte zu stützen
nach dem eigenen Fall
das Aufstehen wieder zu lernen

Auf dem Weg nach Golgotha
auf dem Gang nach Canossa
auf allen Wegen
liegen
Steine
im
Weg

Wie Vögel sich majestätisch erheben
ihre Flügel ausbreiten und fortfliegen
Kreise ziehen und gleiten
möchten sich die Menschen erheben
Abstand gewinnen
eigene Wege finden und in Ruhe erforschen

Wie Vögel immer wieder landen
ihre Flügel einziehen, am Boden kauern, Nahrung suchen
ihren Feinden und Gefahren ausgeliefert
kehren Menschen immer wieder zurück
bereit
sich dem Leben und seinen Anforderungen zu stellen

Es gibt Momente
da wünschte ich
ich wäre ein Boot
für dich
ein Boot, das dich fortträgt
wo immer du dich hinsehnst
ein Boot, das schwer genug ist
für all deinen Ballast, den du mit dir trägst
ein Boot, das niemals kentert
egal, wie unruhig du bist
egal, wie stürmisch die Lebenssee ist
auf der wir treiben

Bevor mein letzter Atemzug getan ist
bevor der große Vorhang fällt
bevor die letzten Blumen auf mich fallen

will ich leben
will ich lieben
will ich sein

in dieser düsteren Welt
in dieser Zeit der Katastrophen
in diesem kriegerischen Dasein

bei den Menschen, die mich brauchen
bei den Menschen, die ich brauche
bei den Menschen, die ich schätzen
                         lernen möchte
um zu entdecken
um zu staunen
um zu lernen

wer ich bin
wer ich sein könnte
wer ich sein möchte

damit die Tage nicht ungenutzt bleiben
damit die Stunden ihren Sinn haben
damit die Minuten wertvoll werden

wenn ich lache
wenn ich weine
wenn ich schweige

auf meiner Reise zu dir
auf meiner Reise zu mir
auf meiner Reise zu Gott

deren Wege uneben sind
deren Wege dornig sind
deren Wege ich kaum kenne

die ich aber antreten will
die ich schon angetreten habe
die ich nicht abbrechen will

ohne gesehen zu haben
            das Blühen der Blumen
ohne gehört zu haben
            das Rauschen eines Flusses
ohne gestaunt zu haben,
                das Leben ist schön

dann kann „Freund Hein" kommen
dann kann ich gehen
dann kann ich sagen:
Ich habe gelebt

Dem Leben
sich selbst
ausgeliefert

Den Stürmen
den Gefängnissen
ausgeliefert

Den Mut
das Vertrauen
empfangen

Die Freude
die Freiheit
empfangen

Auf dem Weg von vorgestern nach übermorgen
lagere ich unter einem Baum
in seinem Schatten
für einen Bruchteil meines Lebens
in Gedanken an den Weg, das Ziel
die zurückgelegte Strecke
an all das, was am Wegesrand blüht
nicht geraubt werden darf
aber bewundert
nicht mißbraucht
aber geliebt
nicht entführt
aber in Erinnerung bleiben wird

Auf dem Weg von vorgestern nach übermorgen
lagere ich unter meinem Lebensbaum
in seinem Schatten
für einen Bruchteil meiner Zeit

Ich ahne etwas
von dem kalten Krieg untereinander
ich fühle aber
die Liebe, nach der sich jeder sehnt

Ich ahne etwas
von dem steten Gegeneinander
ich fühle aber
den Wunsch zum Miteinander

Ich ahne etwas
von dem Kampf um das nackte Überleben
ich fühle aber
wir Menschen ahnen inzwischen
was auf dem Spiel steht

Die Faszination des Lebens mag trotz des
Bewußtseins der Vergänglichkeit
in dem Wagnis zum Du
in dem Mut zum Ich
in dem Übermut zur Freude
in dem Sinn für Humor
in der Ausgelassenheit des Lachens
in der Kraft, Leid zu überstehen
begründet sein

Novembernebel
in meinem Kopf
in meiner Seele

Novembernebel
undurchdringlich
schemenhaft

Gedanken ruhen
ruhen aus
Ideen bleiben noch undurchsichtig
Absichten unklar
die Sinne ergeben sich einem erholsamen Schlaf
in Erwartung auf die Aussicht
wenn sich der Nebel verzieht

Novembernebel
in meinem Kopf
in meiner Seele

Nur in der vorbehaltlosen Offenheit
in der freimachenden Leere
die bleibt
wenn die faule Erde der Prinzipien und Vorurteile
weggeräumt ist
liegt der Raum verborgen
für neues Leben
für einen neuen Geist

Ich kann einen anderen halten
an der Hand
ein anderer hält mich
an der Hand
am Leben

Gefangen
gebannt
gehalten
von dem Zauber
zu leben
mit den Augen zu sehen
den Ohren zu hören
den Händen zu tasten
der Nase zu riechen
der Zunge zu schmecken
um zu erahnen
wie Leben ist
sein kann
gefangen
gebannt
gehalten

Es gibt Momente
da wünschte ich
ich wäre Sonnenstrahlen
für dich
Sonnenstrahlen, die deine Hände wärmen
deine Tränen trocknen
Sonnenstrahlen, die dich an der Nase kitzeln
und dich zum Lachen bringen
Sonnenstrahlen, die deine dunklen Winkel
in deinem Innern erleuchten
deinen Alltag in helles Licht tauchen
die Eisberge um dich zum Schmelzen bringen

Die letzten Strahlen der untergehenden Sonne
zeigen den Weg
den ich gerne gehen möchte

Die Wolken, getrieben vom Wind
zeigen den Weg
den ich gerne gehen möchte

Das Knistern des Laubes unter meinen Füßen
sagt
laß dich fallen
und du findest den Weg in die Freiheit

Die eigentlichen Geschenke des Lebens
werden zumeist in der Stille überreicht
Freundschaft und Liebe
Geburt und Tod
Freude und Schmerz
Blumen und Sonnenaufgänge
und das Schweigen
als eine tiefe Dimension
des Verstehens

Erfroren
mitten im warmen Frühling
an der frostigen Atmosphäre
den lieblosen Worten
den kalten Berührungen

Erfroren
mitten im heißen Sommer
an der tristen Gewohnheit
der Interesselosigkeit
der tödlichen Gleichgültigkeit

Erfroren
mitten im angenehmen Herbst
an der Verachtung
den mißtrauischen Blicken
der Hoffnungslosigkeit

Auftauen
mitten im eisigen Winter
in einer warmen Hand
unter einem liebenden Blick
an einem Hauch heißen Atems

Ab und zu beginnt selbst der Realist zu träumen
von einem anderen Leben
von einem friedvolleren Leben
von dem Leben, das er ganz neu beginnen will
von seinem veränderten Leben
von seinen Träumen, als wären sie Realität
von den steten Tropfen, die die Steine höhlen

und der Realist wendet sich der Wirklichkeit wieder zu
im Bewußtsein
seine Träume zu kennen
glücklich
überhaupt noch
träumen zu können

Vielleicht sollten wir uns von dem
Aberglauben lossagen
alles verstehen zu müssen
und uns zu der Einsicht bekehren
im Höchstfall imstande zu sein
mit unserem Unverständnis verständnisvoll
umgehen zu können

Eines Menschen Heimat ist auf keiner Landkarte
zu finden
nur in den Herzen der Menschen, die ihn lieben

Glauben wir an das Glück
nur diesen Tag
nur diese Nacht
dann kehrt Ruhe ein
bei dir, bei mir

Genießen wir diese Stunden
unser Leben
liegt in unseren Händen
wir allein
tragen für uns selbst
die Verantwortung

Glauben wir an das Glück
nicht nur diesen Tag
nicht nur diese Nacht
dann kehrt Ruhe ein
bei dir
bei mir

Liebe schenkt Liebe
Liebe schenkt Leben
Leben schenkt Leid
Leid schenkt Sorge
Sorge schenkt Wagnis
Wagnis schenkt Glaube
Glaube schenkt Hoffnung
Hoffnung schenkt Leben
Leben schenkt Liebe
Liebe schenkt Liebe

Es kommt der Tag
an dem
das Wasser flußaufwärts fließt
Schneeflocken in der Luft stehenbleiben
Kinder zu erwachsenen Menschen
erwachsene Menschen zu Kindern reifen
sich die Welt in die verkehrte Richtung dreht
die Winde alles Vorhandene verwehen
der Boden aufgewirbelt
und fruchtbar wird für Besonnenheit

Sät dann wieder jemand Leben
könnte die Menschheit wieder
zur vollen Blüte gelangen

Verschneite Hügel
verschneite Bäume
verschneite Wege
wer durch den Schnee stapft
hinterläßt Spuren
die einladen, ihnen zu folgen
verschneite Hügel
verschneite Bäume
verschneite Wege
und immer irgendwo
Spuren des Lebens

Glaube nicht
die Last auf deinen Schultern wird dir zu schwer
glaube nicht
du wärst zu schwach, die Lasten anderer noch mitzutragen

Du wirst dich wundern
ob deiner Kraft
du wirst dich wundern
wie stark du bist trotz deiner Schwäche

Wenn der Sturm sich gelegt hat
die Gewitterwolken weitergezogen sind
vom Regen der Boden noch naß ist
die ersten Sonnenstrahlen wieder durchbrechen
riecht alles nach Leben
nach Neubeginn und Wachsen
atmet jeder Halm und Strauch
und die Luft ist kristallklar
die Äste der Bäume richten sich auf
zerzaustes Haar legt sich wieder
und eine Ruhe kehrt zurück
die der Ruhe vor dem Sturm
in nichts mehr gleicht

20. Auflage

© Verlag Herder Freiburg im Breisgau 1981
Reproduktionen: H. u. H. Schaufler, Freiburg
Herstellung: Freiburger Graphische Betriebe 1985
ISBN 3-451-19297-7